EXPERIMENTOS SENCILLOS DE QUÍMICA EN LA COCINA

Glen Vecchione

Ilustraciones de Horacio Elena

ONIRO

Dedicatoria

Para Briana y Nicholas.

Colección dirigida por Carlo Frabetti

Títulos originales: *100 First-Prize Make-It-Yourself Science Fair Projects* (selección páginas: 60, 63-80, 83-96 y 103-110) y *100 Award-Winning Science Fair Projects* (selección páginas: 7-9 y 12-25)
Publicados en inglés por Sterling Publishing Co., Inc., New York

Traducción de Joan Carles Guix

Diseño de cubierta: Valerio Viano

Ilustración de cubierta e interiores: Horacio Elena

Distribución exclusiva:
Ediciones Paidós Ibérica, S.A.
Mariano Cubí 92 – 08021 Barcelona – España
Editorial Paidós, S.A.I.C.F.
Defensa 599 – 1065 Buenos Aires – Argentina
Editorial Paidós Mexicana, S.A.
Rubén Darío 118, col. Moderna – 03510 México D.F. – México

© 1998, Sterling Publishing Co., Inc., New York
© 2001, Sterling Publishing Co., Inc., New York

© 2002 exclusivo de todas las ediciones en lengua española:
  Ediciones Oniro, S.A.
  Muntaner 261, 3.º 2.ª – 08021 Barcelona – España
  (oniro@edicionesoniro.com - www.edicionesoniro.com)

ISBN: 84-95456-96-6
Depósito legal: B-212-2002

Impreso en Hurope, S.L.
Lima, 3 bis – 08030 Barcelona

Impreso en España – *Printed in Spain*

Agradecimientos

Quiero dar las gracias a cuantos me han ayudado
a diseñar y ensayar los experimentos de este libro:

Holly, Rick y R. J. Andrews
Lenny, Claire y Kyrstin Gemar
Cameron y Kyle Eck
Lewis, Hava y Tasha Hall
Jeri, Bryan y Jesse James Smith
Tony y Kasandra Ramirez
Joe, Kate y Micaela Vidales
Debbie y Mark Wankier
Stephen Sturk
Nina Zottoli
Eric Byron
Andy Pawlowski

Vaya también mi especial agradecimiento para
mi amigo David Lee Ahern

Y como siempre,
para Joshua, Irene y Briana Vecchione

Índice

Fórmulas creativas

Membranas misteriosas
El huevo que encoge
Solución salina absorbente
Carámbanos en la cueva
Volcán en erupción
La lava del volcán
Roca fundida
Un tornado en la botella
Conservantes naturales
Plástico cremoso
Hojas disolventes
Líquidos inmiscibles
Balanza de oxígeno
Mármol

Membranas misteriosas

Material necesario
1 bote de cristal
Cuenco hondo
   de tamaño mediano
Vinagre
Huevo crudo con cáscara
Pinzas
Toallita de papel

En los seres vivos, muchas superficies que parecen sólidas en realidad son «semipermeables» y permiten el paso de determinadas sustancias. La membrana semipermeable que envuelve una célula deja que ésta absorba los nutrientes y que elimine los productos residuales. Este proceso es esencial para todos los organismos vivos. Pues bien, con este experimento demostrarás el flujo de entrada y salida de materiales a través de la membrana semipermeable de un huevo crudo.

Puedes combinar este experimento con «El huevo que encoge» (p. 11).

Procedimiento
1. Usa las pinzas para colocar con cuidado el huevo crudo en un bote de cristal. Si la cáscara se rompe accidentalmente, descártalo y usa otro huevo.
2. Cubre el huevo con vinagre y obsérvalo durante los siguientes veinte minutos, prestando atención a las minúsculas burbujas que se forman en la cáscara.
3. Deja el huevo en vinagre durante cinco días, ob-

servándolo periódicamente y anotando los cambios que se produzcan en su aspecto.

4. Transcurridos cinco días, tira la solución de vinagre y con muchísimo cuidado saca el huevo con las pinzas, colocándolo sobre la toallita de papel.

Resultado

La cáscara del huevo se ha disuelto por completo, y el huevo, aunque está crudo, ha aumentado de tamaño y ha adquirido una consistencia gomosa.

Explicación

Al sumergir el huevo en vinagre, alteras su composición química. La cáscara está compuesta de una sustancia llamada carbonato cálcico. El vinagre disuelve el carbonato cálcico de la cáscara y libera gas dióxido de carbono (las burbujas).

Una vez disuelta la cáscara, la membrana semi-permeable que envuelve la clara del huevo reacciona con el vinagre y adquiere una consistencia más gomosa, al tiempo que permite que una parte del vinagre pase a su interior. Dado que el huevo contiene una mayor concentración de materiales disueltos que la solución de vinagre que lo rodea, absorbe el vinagre mediante un proceso que se conoce como «ósmosis». De ahí que el huevo parezca más grande.

El huevo que encoge

Material necesario

1 frasco de cristal de tamaño mediano con tapa
1 huevo de consistencia gomosa (véase «Membranas misteriosas»)
Jarabe, melaza o miel líquida
Pinzas
Toallita de papel

Procedimiento

1. Introduce el huevo de consistencia gomosa del experimento «Membranas misteriosas» (p. 8) en un frasco de cristal y llena éste de jarabe hasta cubrirlo.

2. Tapa el frasco y déjalo reposar cinco días sin tocarlo. Observa el huevo y anota los cambios que se vayan produciendo.

3. Transcurridos cinco días, tira con cuidado el jarabe y luego, con las pinzas, extrae el huevo y colócalo sobre una toallita de papel.

Resultado
El huevo ha encogido considerablemente.

Explicación
Al sumergir el huevo en jarabe, encoge. Esto se debe a que la mayor concentración de materia presente en el jarabe atrae una buena parte del fluido del huevo, aunque quedan muchas proteínas y moléculas grasas, demasiado grandes para pasar a través de la membrana. Esto demuestra una vez más por qué los científicos lo denominan semipermeabilidad.

¿Lo sabías?
Los científicos consideran que el huevo es la célula viva de mayor tamaño que existe en nuestro planeta. Los huevos son muy útiles para realizar toda clase de experimentos relacionados con el metabolismo celular.

Solución salina absorbente

Material necesario
Rodajas de patata
Fuente plana
Sal
Toallita de papel

Al igual que ocurre con los huevos, las células de una patata también son semipermeables; de ahí que algunas sustancias pasen a través de ellas. Esta cualidad de semipermeabilidad permite que las células absorban los nutrientes y eliminen los productos residuales. El proceso es importante para todos los animales y plantas. Este experimento demuestra el flujo de salida de materia a través de la membrana semipermeable de una patata.

Procedimiento
1. Pide a un adulto que corte en diez rodajas una patata de tamaño mediano.

2. Llena de agua tibia la fuente plana y añade la suficiente cantidad de sal para que el agua tenga un sabor muy salado.
3. Introduce las rodajas de patata y déjalas en remojo durante toda la noche.
4. Extrae las patatas de la solución de agua salada, ponlas sobre una toallita de papel y examínalas.

Resultado

Las patatas están blandas al tacto y tienen una consistencia gomosa.

Explicación

La mayor concentración de materia disuelta (sal) en el agua salada atrae las sustancias no saladas de las rodajas de patata. Dado que las células se mantienen en un medio acuoso, la extracción del agua («deshidratación» de las células) hace que las rodajas de patata se reblandezcan. Así pues, la ósmosis a través de las membranas de las células de la patata da como resultado que las rodajas se vuelvan blandas y de consistencia gomosa.

Carámbanos en la cueva

Material necesario
Hoja de cartulina negra
Cinta adhesiva
Tijeras
4 vasos del mismo tamaño
Hilo negro
4 arandelas
Regla
Sal Epsom (de venta en farmacias)
Cacerola pequeña
Agarrador o guante de cocina
Cuchara sopera
Agua

Recuerda que este proyecto va a durar un mínimo de dos semanas y que no debes esperar resultados espectaculares a menos que vivas en un clima húmedo. Pero si las condiciones son las adecuadas, puedes crear una cueva con «estalactitas» y «estalagmitas». Estos carámbanos se forman cuando el agua rica en minerales fluye a través de una roca porosa, dejando un depósito.

Construcción de la cueva

Procedimiento
1. Recorta una cartulina negra de unos 10×20 cm y dóblala formando un semicírculo.
2. Coloca los cuatro vasos alrededor del semicírculo, por la parte exterior, tal como se observa en la

ilustración. Sujeta el semicírculo a los vasos con cinta adhesiva, comprobando que el borde superior de los mismos sobresale, como mínimo, 2,5 cm del borde superior de la cartulina. En caso contrario, tendrás que recortarla un poco o utilizar vasos más altos.

3. Corta dos trozos de 40 cm de hilo negro y ata una arandela en cada extremo.

4. Coloca los hilos en diagonal, de manera que se entrecrucen y formen una ligera comba. Coloca una arandela en el interior de cada vaso.

SEGUNDA PARTE
Mezcla de la solución mineral

Procedimiento

1. Llena de agua la cacerola pequeña, añade sal Epsom y remuévela con la cuchara hasta que no se disuelva más sal.
2. Calienta el agua (no la hiervas) y sigue removiendo el agua. Como verás, aún puedes añadir más sal Epsom.
3. Pide a un adulto que te ayude a llenar los vasos de la solución de sal Epsom. Utilizad el agarrador para no quemaros.

   PRECAUCIÓN: Para que no se rompan los vasos, vierte el agua lentamente.

4. Deja reposar la cueva durante una semana y observa los cambios que se produzcan.

Resultado

La solución de sal Epsom empapa el hilo, fluye a lo largo del mismo y se acumula en la zona más baja de la comba. Al gotear la solución, se seca y forma largas estalactitas, las cuales, a su vez, crean estalagmitas. En un par de semanas deberías disponer de una verdadera cueva subterránea.

Explicación

La formación de estalactitas y estalagmitas recrea la formación de los carámbanos. Mediante la «acción capilar», o fuerza de atracción entre un sólido y un líquido, el agua rica en minerales fluye a través de la roca porosa y se acumula. La gravedad obliga al agua

17

acumulada a gotear, y a medida que van colgando las gotitas, el aire evapora una parte del agua, formándose un núcleo mineral sobre el que colgarán más gotas.

En el caso de los carámbanos, el agua superfría gotea a lo largo del mismo y se congela en la punta, alrededor de un núcleo de hielo. Las gotas se acumulan una sobre otra hasta formar una estalactita. Poco a poco, la estalactita va creciendo hasta que el agua puede fluir a través de la misma –de nuevo mediante la acción capilar–, hasta llegar a la punta. Algunas gotas más pesadas caen al suelo desde la punta de la estalactita, formando un carámbano ascendente llamado estalagmita. Pero en este caso, las gotas de agua en evaporación se amontonan y fluyen hacia la base de la estalagmita, dejando una acumulación de minerales.

¿Lo sabías?

No hace falta visitar una cueva subterránea para ver estalactitas. También se forman en todas las estructuras de roca porosa cuando el agua pasa a través de ellas, incluyendo los puentes y los edificios.

Volcán en erupción

Material necesario

2 botellas de detergente líquido para el lavavajillas, una con tapón
Cuchara sopera
Colorante rojo para alimentos
Vinagre
Bicarbonato sódico
Papel maché
Cartón rígido o madera
Cinta adhesiva
Pintura marrón y negra
Pincel
Barniz en espray
Cola blanca
Embudo

Un volcán en erupción, vomitando lava, es uno de los espectáculos más hermosos y aterradores que existen

en la naturaleza. En ocasiones, los científicos que visitan un volcán en actividad corren grandes riesgos. El modelo de volcán te permitirá emular parte de su magia, pero en el entorno seguro del hogar.

Puedes combinar este experimento con «La lava del volcán» (p. 23).

Puedes combinar este experimento con «La lava del volcán» (p. 23).

PRIMERA PARTE
Construcción del volcán

Procedimiento

1. Llena una de las botellas de vinagre hasta tres cuartos de su capacidad. Si es necesario, usa un embudo. Añade colorante rojo para alimentos y ajusta el tapón. Etiqueta la botella «lava».

2. Coloca la segunda botella en el centro del cartón o la madera, pegándola con cola blanca.

3. Corta varios trozos largos de cinta adhesiva y pégalos de manera que formes una especie de tienda de campaña alrededor de la botella.

4. Elabora papel maché mezclando harina y agua en un cuenco hasta obtener una pasta espesa. Sumerge tiras de papel de periódico en la pasta y cubre la «tienda» que has formado alrededor de la botella. Coloca unas cuantas tiras de papel maché alrededor de la boca de la botella para dar forma al cráter.

5. Deja secar el volcán, píntalo de marrón y negro para darle el aspecto de una montaña y revístelo de barniz en espray.

SEGUNDA PARTE
Erupción del volcán

Procedimiento
1. Quita el tapón de la botella de «lava» y vierte con cuidado su contenido en la botella del volcán. Si es necesario, utiliza un embudo.
2. Añade enseguida 4 cucharadas soperas de bicarbonato sódico.
3. Aléjate un poco y observa cómo erupciona el volcán.

Resultado
El bicarbonato sódico (alcalino) reacciona con el vinagre (ácido) y produce espuma de dióxido de carbono, que a medida que va ascendiendo por el cuello estrecho de la botella, adquiere impulso y sale disparada por el cráter del volcán.

Explicación
La presión en el interior del volcán puede provocar una tremenda explosión o la expulsión de lava a una asombrosa velocidad. El comportamiento de la espuma en tu volcán en miniatura simula la eyección de lava bajo presión.

¿Lo sabías?
La presión de los gases de la lava fundida que se acumula en el interior de un volcán puede ser equivalente a la fuerza de varias explosiones atómicas.

Hace millones de años, un volcán del noroeste de Estados Unidos hizo saltar por los aires la cumbre de una montaña, dejando un gigantesco cráter, llamado «caldera», que poco a poco se llenó de agua. Hoy en día, aquel volcán extinguido se conoce como Crater Lake. En el estado de Oregón, Crater Lake atrae a miles de turistas cada año. Tiene más de 8 km de diámetro y es uno de los lagos más profundos del mundo, además de ser uno de los que están situados a mayor altitud.

La lava del volcán

Material necesario
Arcilla de modelar
2 vasos cónicos pequeños de papel
Cuchara sopera
Detergente líquido blanco para el lavavajillas
Arena
Cuenco para mezclas
Colorante rojo para alimentos
Cartón rígido o tablero de madera para hacer de base
Cinta adhesiva
Grapadora

Este experimento demuestra los dos tipos de flujo de lava asociados a una erupción volcánica, uno más destructivo que el otro. *Puedes combinar este experimento con «Volcán en erupción» (p. 19).*

Procedimiento
1. Modela un pequeño cono volcánico sobre el cartón rígido o el tablero de madera, dejando un pequeño cráter en la cima.
2. Dobla y grapa uno de los vasos cónicos, formando un vaso muy plano.
3. Adáptalo al cráter del volcán.
4. Mezcla ½ vaso de detergente para el lavavajillas con colorante rojo para alimentos.
5. Viértelo en el cráter del volcán hasta que rebose y la «lava» descienda por las laderas.
6. Extrae el vaso de papel del cráter y limpia el volcán.
7. Mezcla ¼ de detergente para el lavavajillas con ¼

de arena en un cuenco y luego añade colorante rojo.

8. Viértelo en el cráter como antes, hasta que la lava rebose y descienda por las laderas. Usa la cuchara para extraer la lava sobrante.

9. Compara el flujo de lava arenosa con el de lava espumosa.

Resultado

La lava espumosa fluye más suavemente por las laderas del volcán, mientras que la arenosa forma grumos que se desmoronan por la pendiente.

Explicación

El flujo de lava fluida de detergente y la mezcla de detergente y arena demuestran cómo se comporta la lava ligeramente más fría al deslizarse por las laderas del volcán. La lava fluida suele ser más destructiva, pues se desplaza más deprisa que la grumosa.

¿Lo sabías?

En Hawai, los nativos disponen de términos diferentes para designar los dos tipos de lava: *pahoehoe* y *aa*. *Pahoehoe* es la lava grumosa, y *aa*, la más líquida.

Roca fundida

Material necesario
Vaso de plástico
Cuenco pequeño
Maicena
Cucharas de medición
Agitador
Agua

Los geólogos saben que las grandes masas terrestres de la Tierra se desplazan continuamente sobre la superficie del planeta. Esto es así aunque el estrato más exterior de la Tierra, llamado «corteza», tenga un aspecto sólido o quebradizo, y el que yace debajo del mismo, «manto», esté compuesto de roca sólida. Sin embargo, cerca de la parte superior del manto hay estrato que no es sólido como el resto. Se trata de la «zona de fusión parcial», donde la roca se comporta como un líquido pastoso de lo más extraño.

Aunque es imposible recrear el tipo de roca presente en la zona de fusión parcial, sí se puede imitar su comportamiento con la curiosa masa que vas a elaborar en este experimento.

Procedimiento
1. Vierte ½ vaso de agua en un vaso de plástico y mézclalo paulatinamente con 1 cucharada sopera de maicena.
2. Remueve bien el agua hasta que la maicena se haya disuelto por completo.
3. Añade otras 19 cucharadas de maicena (poco a poco, para evitar la formación de grumos), remo-

viendo a conciencia la mezcla hasta que se vuelva muy espesa y resulte difícil removerla.

4. Vierte la mezcla en un cuenco pequeño, observando cómo se comporta al fluir.
5. Coge la masa y juega con ella. Fíjate en cómo se funde en la mano pero también cómo se endurece al comprimirla.
6. Coloca de nuevo en el cuenco la roca de masa y deja que se endurezca. Luego, cógela y dóblala: ¡se rompe!

Resultado

La roca de masa se comporta como un sólido y como un líquido.

Explicación

Los científicos usan el término «viscosidad» para describir el comportamiento de las sustancias fluidas. La viscosidad es la fricción interna de un líquido que afecta a su manera de fluir. Por ejemplo, el jarabe de arce es muy viscoso, mientras que el alcohol es poco viscoso. En la zona de fusión parcial, la ele-

zona de fusión parcial

corteza

manto

Interior de la Tierra

vada presión convierte la roca en una sustancia parcialmente licuada de alta viscosidad, una especie de mar fundido sobre el que se desplazan los continentes.

¿Lo sabías?

Aunque el vidrio parezca una sustancia sólida, en realidad es un líquido de altísima viscosidad. Las moléculas de vidrio forman largas cadenas, al igual que las de agua. Las lunas muy antiguas son más gruesas en la base que en la sección superior –¡signos de fluido!–. Los científicos han bautizado a este tipo de materiales de viscosidad extremadamente elevada con el nombre de «líquido superfrío». Con el tiempo, todas las rocas fluyen. Un banco de mármol en un viejo cementerio, por ejemplo, puede haberse combado, pero no es debido al desgaste, sino a la fluidez del mármol.

Un tornado en la botella

Material necesario
Vaso
Aceite
Tubo de pintura al óleo de color marrón
Embudo
Sierra pequeña de dentado fino
Adhesivo de resina
Palito de helado
Arandela (de diámetro ligeramente más grande
    que la boca de la botella)
2 botellas de agua de plástico transparente (del
    mismo tamaño)
Cinta aislante
Pimienta
Toallita de papel

Los tornados nos aterrorizan y nos fascinan al mismo tiempo, y los científicos no han hecho más que empezar a comprender las fuerzas que los desencadenan. Sabiendo cómo se inician, algún día seremos capaces de predecir cuándo y dónde van a producirse. La observación de los tornados también proporciona interesante información sobre su movimiento. Aunque este experimento es más un remolino que un tornado, reproduce a la perfección su poderoso vórtice.

Mezcla del tornado

Procedimiento

1. Para que el vórtice del tornado sea más visible, mezcla aceite y agua. Vierte un poco de aceite en un vaso y añade un poco de pintura al óleo de color marrón para oscurecerlo.

2. Mezcla la pintura y el aceite con el palito de helado, y añade una cucharadita de pimienta para que trace mejor el movimiento rotatorio del embudo que forma el tornado.

3. Quita el tapón de las dos botellas de agua y vacía la primera.

4. Con la sierra, practica una hendidura en el cuello de la primera botella para que puedas ensancharla un poco e introducir la arandela. Pero por ahora no te preocupes de la arandela; primero tienes que llenar la botella con la mezcla del tornado.

5. Introduce el embudo y añade agua de la segunda botella hasta que la primera esté llena en sus tres quintas partes. Llena otra quinta parte de mezcla coloreada de aceite y pimienta, y deja la última quinta parte vacía (aire). Vierte el agua restante en la segunda botella.

6. Ahora ha llegado el momento de insertar la arandela en la primera botella. Ensancha un poco el cuello e introduce la arandela lo más a fondo posible sin que caiga en su interior.

7. Vuelve del revés la segunda botella e introduce su cuello en el cuello ligeramente ensanchado de la primera. Las dos botellas deberían quedar perfectamente unidas por la boca y separadas por la arandela.

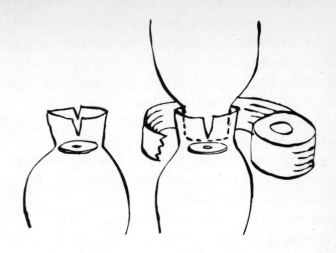

8. Para que la unión quede hermética, aplica adhesivo de resina o silicona alrededor del cuello de las botellas, déjalo secar toda la noche y envuélvelo con cinta aislante (véase ilustración).

SEGUNDA PARTE

Un tornado en la botella

Procedimiento

1. Vuelve del revés las botellas de manera que la que está llena quede arriba y la vacía se apoye en una mesa.
2. Sujeta la botella inferior y coloca la otra mano en la superior.
3. Haz girar rápidamente varias veces las dos botellas para desencadenar el remolino (vórtice). Observa lo que sucede en el interior de la botella.

Resultado

El aceite amarronado serpentea hacia la base de la botella formando un embudo y arrastrando las partículas de pimienta (lo que los tornados reales se llevan a su paso). Como verás, la pimienta gira más deprisa al alcanzar la base del tornado.

Explicación

Al igual que un tornado real, tu tornado-remolino es fruto de fuerzas muy poderosas, aunque a diferencia de la versión embotellada, los tornados auténticos se producen al colisionar dos frentes de aire, uno cálido y otro frío. En efecto, la colisión provoca la formación de dos capas de aire de densidad y presión diametralmente opuestas. Cuando la capa de aire húmedo y más cálido intenta atravesar la de aire más frío, una poderosa «corriente de convección» empieza a girar hacia arriba y a acelerarse. Los vientos de costado contribuyen a la rotación de la corriente de convección, dando como resultado una columna arremolinada de aire ascendente llamada «mesociclón».

Cuando un tornado empieza a tomar forma, la sección más estrecha del embudo gira más deprisa que la sección más ancha. Este aumento del impulso en la punta empuja el tornado hacia abajo, como una cuña, hasta tocar el suelo.

¿Lo sabías?

Los científicos han empezado a sospechar que existe otro tipo de tornado, horizontal y casi invisible. Se trata de los «tornados-rotor», que se forman de repente y ponen en peligro a los aviones que vuelan bajo. Según parece, se desencadenan en áreas de terreno llano rodeadas de montañas, pero lo cierto es que los científicos aún tienen mucho que aprender acerca de ellos.

Conservantes naturales

Material necesario
Cubito de caldo
Cuenco
2 vasos de agua tibia
4 vasos de plástico del mismo tamaño
Vinagre blanco
Sal
Limón
Rotulador resistente al agua

Antes de inventarse la refrigeración, la gente tenía que buscar formas de conservar los alimentos para que no se echaran a perder. Para algunos tipos de carne y pescado, el secado era ideal. También daba resultado con muchas verduras y frutas, pero los alimentos líquidos necesitaban algo que demorara el crecimiento de bacterias. Estos ingredientes tenían que ser aptos para el consumo y a ser posible mejorar su sabor. En este proyecto experimentarás con algunos de estos «conservantes naturales».

Procedimiento
1. Echa dos vasos de agua tibia del grifo en un cuenco y disuelve el cubito de caldo.
2. Con el rotulador resistente al agua etiqueta los vasos de plástico: S (sal), V (vinagre), L (limón) y C (control).
3. Añade ½ vaso de caldo en cada uno de los cuatro vasos.
4. Corta el limón por la mitad.
5. Mezcla 2 cucharaditas de sal en el vaso S, 3 cucharaditas de vinagre en el vaso V y tres cuchara-

ditas de zumo de limón en el vaso L (el vinagre y
el zumo de limón son líquidos y menos concentra-
dos que la sal). No añadas nada en el vaso de control; lo utilizarás para medir los demás resultados.
6. Pon los vasos en un lugar cálido y déjalos reposar
durante una semana.

Resultado

Los cuatro vasos se han vuelto turbios (el de control
es el más turbio de todos). El que contiene el limón
(L) es ligeramente menos turbio que el de control (C),
y el que contiene sal (S) es menos turbio que el que
contiene vinagre (V). De todos los vasos, el menos
turbio es el que contiene vinagre (V).

Explicación

El vinagre tiene las mejores propiedades conservantes, seguido de la sal y el zumo de limón. El caldo sin ningún conservante se echa a perder enseguida.

De los tres, el limón es el peor conservante, ya que el zumo de limón es un alimento y cuando pierde su acidez, atrae a las bacterias. El vinagre no sólo funciona como conservante, sino que sabe bien y contiene vitaminas y minerales. ¿Crees que podría tener algo que ver con el invento de los alimentos «a la vinagreta»?

Precaución: No pruebes nunca tus muestras. Limítate a observar si son más o menos turbias.

Plástico cremoso

Material necesario

½ vaso de nata líquida o crema de leche
1 cucharadita de vinagre
Cacerola antiadherente
Agarrador o guante de cocina
2 filtros de café
Aro de goma
Taza de café
Toallita de papel
Papel de aluminio
Botón de plástico
2 macetas de arcilla

El plástico elaborado a partir del petróleo es una invención muy reciente. Durante el siglo XIX muchos productos afines al plástico se elaboraban con materias animales y vegetales. En algunos establos y graneros de Nueva Inglaterra, por ejemplo, aún se pueden ver vestigios de «pintura» de leche de cien años de edad y resistente a las inclemencias del tiempo. En ocasiones, la leche se mezclaba con sangre del ganado para que fuera más resistente a la intemperie.

Otros plásticos orgánicos tenían propiedades muy curiosas. Uno de ellos, elaborado con productos derivados de la fabricación de algodón, fue muy popular en la década de 1870. Se usaba para fabricar bolas de billar hasta que alguien descubrió que el plástico tenía propiedades combustibles y podía explosionar si se golpeaba con la suficiente fuerza. Más de un tiroteo de *saloon* pudo haber empezado con el «estallido» provocado por una carambola. Una de las principales diferencias entre los plásticos naturales y el producto actual derivado del petróleo reside en el grado de descomposición. Los plásticos elaborados con materias animales o vegetales se disuelven en los vertederos de basuras, mientras que muchos productos derivados del petróleo nunca se descomponen.

Este experimento te ayudará a descubrir por ti mismo esta diferencia, aunque deberás contar con la colaboración de un adulto en las fases de calentamiento y vertido.

Confección de un botón

Procedimiento

1. Vierte ½ vaso de nata líquida en una cacerola y caliéntala hasta que empiece a hacer espuma. Luego, retira la cacerola del fuego.
2. Añade una cucharadita de vinagre y remueve la mezcla. La nata empezará a formar pequeños grumos rodeados de un líquido transparente. Si no se forman grumos, añade un poco más de vinagre.
3. Coloca dos filtros de café juntos, mételos dentro de una taza de café y sujétalos con un aro de goma.
4. Con un agarrador, vierte con cuidado la mezcla cremosa en los filtros de café. Elimina todos los grumos que hayan quedado en la cacerola.
5. Deja que se enfríen los grumos durante cinco minutos, y luego retira los filtros de la taza, envuélvelos alrededor del plástico y escúrrelos bien para eliminar el líquido sobrante.
6. Desenvuelve los filtros. Deberías tener un plástico blanco, parecido al queso, fácilmente moldeable.

7. Sobre una lámina de papel de aluminio, moldea el plástico hasta formar varios botones pequeños y ponlos a secar en una toallita de papel.

Resultado

Transcurridas veinticuatro horas, los botones moldeados a mano se han endurecido y han adquirido una tonalidad amarillenta: ¡plástico natural! Compara estos botones con los de cualquier prenda de vestir.

SEGUNDA PARTE
Conclusión del experimento

Procedimiento

1. Una vez secos los botones, guarda uno o dos como muestra.
2. Ahora necesitarás las dos macetas, los botones restantes que hayas elaborado en casa y unos cuantos botones normales.

3. Llena las macetas de tierra hasta la mitad.
4. Coloca unos cuantos botones de fabricación casera en la primera maceta y unos cuantos botones normales en la segunda.
5. Cubre los botones de tierra y riégalos con agua cada día durante una semana.
6. Desentierra los botones de las dos macetas y compáralos.

Resultado
Los botones caseros se descomponen, pero los normales no.

Explicación
La masa parecida al queso que has obtenido se compone de grasa, minerales y la proteína «caseína», una molécula que forma largas cadenas y que se dobla como el caucho hasta endurecerse. Estas tres sustancias se combinan y forman un material muy resistente que sólo se descompone al exponerse a la tierra húmeda y los cambios de temperatura.

¿Lo sabías?
Recientemente, los científicos de todo el mundo han desarrollado distintos tipos de plásticos biodegradables añadiendo sustancias químicas que facilitan la descomposición del plástico cuando se expone a la luz, el agua o las bacterias. Así, por ejemplo, existe un plástico especial diseñado para disolverse en agua salada que evita que los residuos plásticos lastimen a las criaturas marinas.

Los japoneses han desarrollado un plástico biodegradable muy económico que se fabrica con conchas de camarones. En efecto, los científicos nipones han descubierto la forma de extraer la «quitina» de dichas conchas y combinarla con silicona. (La quitina también es el material de que se componen las uñas.) El resultado –*quitisand*– es un plástico más resistente que el derivado del petróleo. Además, cuando se descompone en la tierra, es un magnífico fertilizante.

Hojas disolventes

Material necesario
Varias hojas anchas (hiedra, arce, roble, etc.)
Varias hojas estrechas (malamadre, lirio, etc.)
Cuenco plano
Bicarbonato sódico
Lejía
Pinzas
Papel encerado
Libro pesado
Arandelas
Barniz en espray (optativo)
Cartulina negra

Para ver mejor la estructura del veteado de las hojas y los pétalos de las flores, puedes usar una solución de bicarbonato sódico para disolver el tejido pulposo de la planta y reducir tus muestras a una primorosa labor de encaje. Dado que el proceso tarda dos semanas, planifícalo con la debida antelación.

Procedimiento
1. En una cacerola plana mezcla 1 cucharadita de bicarbonato sódico y 2 vasos de agua tibia.
2. Echa las hojas anchas y estrechas, procurando que se hundan hasta el fondo del recipiente. Si flotan, coloca una arandela sobre cada una de ellas.
3. Coloca la cacerola en un lugar soleado y déjala reposar durante dos semanas.
4. Extrae cuidadosamente las hojas con unas pinzas y enjuágalas en un cuenco de agua limpia.
5. Pon las hojas sobre una toallita de papel seca y luego trasládalas a un papel encerado. Cúbrelas

con otra hoja de papel encerado y coloca un libro pesado encima. Transcurridos algunos días, retira el libro y el papel encerado, y examina las hojas.

6. Mezcla ½ vaso de lejía y 2 vasos de agua, y viértelo en un cuenco plano como antes.

7. Sumerge, con cuidado, cada hoja en la solución. Cuando se blanquee, sácala y ponla sobre una toallita de papel para que se seque.

8. Organiza tu colección de hojas «esqueletizadas» sobre una cartulina negra para que resalte el detalle. Puedes revestir cada hoja de una capa de barniz.

Resultado

Este proceso concluye con la eliminación completa del tejido blando de la planta, dejando a la vista dos hermosos diseños de veteado.

Explicación

Los científicos dividen las plantas en dos subclases: monocotiledóneas y dicotiledóneas. Entre las monocotiledóneas figuran las especies más antiguas, y se distinguen fácilmente por su veteado paralelo. Plantas tales como los gladiolos, lirios, palmeras y bananeros, así como muchos árboles y arbustos de hoja perenne, tienen un veteado paralelo.

Las dicotiledóneas evolucionaron más tarde y presentan un veteado ramificado más complicado. La mayoría de los árboles de sombra, como el arce, roble, castaño y olmo, son dicotiledóneos.

Mediante la «esqueletización» de las hojas puedes reconocer más fácilmente la diferencia entre las plantas monocotiledóneas y dicotiledóneas. ¿Has encontrado alguna característica diferencial adicional en tus muestras de hoja?

Líquidos inmiscibles

Material necesario
3 frascos pequeños de cristal con tapa
Agua
Colorante alimentario
Aceite de cocinar
Alcohol
Detergente líquido o lavavajillas

Aunque parezca asombroso, hay líquidos que se niegan a mezclase con otros líquidos. Cuando esto sucede, se dice que son «inmiscibles». Este experimento demuestra algunos curiosos comportamientos de los líquidos inmiscibles.

Procedimiento
1. Llena de agua el primer frasco hasta un tercio de su capacidad.
2. Inclínalo un poco y añade la misma cantidad de aceite, vertiéndolo sobre la pared interior del frasco.
3. Repite esta operación con alcohol.
4. Observa lo que ocurre con los tres líquidos.
5. Repite los pasos 1-4 con el segundo y el tercer frascos.
6. Añade unas gotas de detergente líquido en el tercer frasco, ajusta la tapa y agítalo enérgicamente.
7. Ajusta la tapa del segundo frasco y agítalo (sin haber añadido detergente).
8. Coloca los tres frascos por orden (del primero al tercero), espera algunas horas y observa lo que les ha ocurrido a los líquidos que contienen.

Resultado

En el primer frasco, el agua, el aceite y el alcohol forman tres capas distintas y no se mezclan. Al repetir esta operación en el segundo frasco y agitarlo, al principio los líquidos parecen combinarse, pero transcurridas algunas horas, vuelven a formar las tres capas. Al agitar el frasco con detergente, las capas también se combinan, pero no vuelven a separarse.

Explicación

Los tres líquidos inmiscibles (agua, aceite y alcohol) tienen diferentes densidades. El líquido más pesado es el agua, seguido del aceite y el alcohol. Agitar el segundo frasco y esperar unas cuantas horas demuestra que estos líquidos no se combinan. Pero el tercer frasco indica que se pueden combinar si se añade detergente o jabón, una sustancia que los científicos llaman «emulsionante». Al añadir jabón a una mezcla de aceite y agua, sus moléculas envuelven las gotitas de aceite y evitan que vuelvan a reunirse.

Agua, aceite   Agua, aceite y   Detergente
y alcohol   alcohol (agitados)   añadido

¿Lo sabías?

Los químicos utilizan emulsionantes para hacer más sabrosos los alimentos. La yema de huevo, por ejemplo, se usa como emulsionante en la mayonesa, pues permite combinar el aceite y el vinagre. Y en el caso de los helados, la gelatina también actúa como emulsionante, ya que mantiene separada la crema de los cristales de hielo y confiere al helado su suavidad característica.

Balanza de oxígeno

Material necesario

Varilla de hierro o acero, larga y fina (de venta en ferreterías)

Pequeña espiga triangular (puedes encontrarla en una carpintería o ebanistería)

Papel de lija fino

Vaselina

Pulverizador de agua

Regla

Lápiz

¿Qué ocurre cuando se oxida un pedazo de hierro o acero? Todos sabemos qué aspecto tiene el orín y que el metal empieza a oxidarse cuando se humedece. Pero ¿qué es el orín en realidad? ¿Una forma alterada de hierro o acero, o un material completamente nuevo? Este experimento te ayudará a descubrirlo. Asegúrate de que la varilla no es de acero inoxidable o de hierro galvanizado. En tal caso, no funcionará.

Procedimiento

1. Limpia la varilla de hierro frotándola enérgicamente con papel de lija.
2. Mide la longitud de la varilla y divídela por la mitad.
3. Reviste media varilla con una fina capa de vaselina.
4. Coloca la varilla en equilibrio sobre la espiga triangular.
5. Pulveriza con agua la mitad sin revestir de la varilla, que perderá el equilibrio con el peso del agua. Cuando se haya secado, vuelve a equilibrarla.
6. Deja la varilla en equilibrio durante una semana.

48

Resultado

La mitad de la varilla sin revestir se ha oxidado, mientras que la otra mitad permanece libre de orín. Pero ha sucedido algo más: la varilla se ha decantado hacia el lado oxidado.

Explicación

El hierro o el acero sin un revestimiento protector reaccionan con la humedad del aire, la cual permite al oxígeno presente en el aire combinarse con el hierro, produciendo orín. El orín no guarda el menor parecido con el hierro ni con el oxígeno que se combinan para crearlo, sino que es un compuesto químico formado por ambos elementos y que se denomina «óxido de hierro» (Fe_2O_3). Este oxígeno añadido lo puedes «ver» en la forma en que la varilla se decanta hacia el lado oxidado.

¿Lo sabías?

En ocasiones, los químicos añaden elementos «más pesados» a compuestos habituales para estudiar los resultados. En el caso del «agua pesada» descubrie-

ron que podían crear una nueva forma de agua eliminando el hidrógeno presente en la molécula de agua (H_2O) y sustituyéndolo por otra forma más pesada de hidrógeno: el deuterio, que se combina perfectamente con el oxígeno (D_2O) y da como resultado una sustancia análoga al agua tanto por su aspecto como por su sabor; la única diferencia estriba en que pesa más y tiene un punto de ebullición más elevado.

Aunque no es tóxica, no es recomendable beber agua pesada. Con el tiempo, el deuterio afecta a los tejidos vivos. En un experimento, las plantas nutridas con agua pesada empezaron a marchitarse a las dos semanas, y los animales sometidos a una dieta de deuterio mostraron síntomas de enfermedad.

Mármol

Material necesario
Gravilla de mármol, un trozo de pizarra y otro
    de caliza (de venta en centros de jardinería)
Vinagre
3 vasos pequeños
Cinta adhesiva y rotulador para etiquetar los vasos

Si fueras un geólogo contratado para encontrar una zona rica en mármol a fin de explotarla, ¿cómo procederías? A simple vista, el mármol se parece a otras muchas rocas metamórficas, es decir, rocas formadas a partir de otras rocas. Este experimento te enseñará a reconocer el mármol y también descubrirás qué otra clase de roca está relacionada con él.

Procedimiento
1. Con la cinta adhesiva y el rotulador, etiqueta los vasos «mármol», «pizarra» y «caliza».
2. Llena de vinagre el vaso «mármol» hasta la mitad y añade un poco de gravilla de mármol.
3. Observa el resultado.
4. Añade vinagre al vaso «pizarra» y observa el resultado.
5. Añade vinagre al vaso «caliza».
6. Observa y compara lo que sucede en los tres vasos.

Resultado
Dos de los tres vasos burbujean –el que contiene mármol y el que contiene caliza–, mientras que el tercero (pizarra) no reacciona.

Explicación

El vinagre reacciona con una sustancia presente tanto en el mármol como en la caliza: el carbonato cálcico. El vinagre, un ácido, disuelve el carbonato cálcico. Con vinagre en abundancia, el mármol y la caliza de los vasos acabarían desapareciendo por completo. La pizarra no contiene carbonato cálcico y no reacciona con el vinagre.

¿Lo sabías?

El mármol es un material químicamente delicado que se daña con facilidad. Muchas sustancias pueden corroerlo, incluyendo el fenómeno que conocemos como «lluvia ácida». A diferencia de la lluvia normal, la lluvia ácida se produce cuando los contaminantes en la atmósfera se combinan con agua de lluvia y producen una débil solución de ácido sulfúrico. Esta solución ácida corroe y disuelve el mármol. A decir verdad, son innumerables las estructuras de este material que han sido dañadas por la lluvia ácida.

El fuego también daña el mármol. Aunque no arde directamente, el calor intenso lo reduce a polvo, y a veces incluso estalla. Ésta es la razón por la que los grandes edificios de antiguas ciudades sucumbieron bajo la devastación de las llamas

Experimentos con alimentos

Vitamina C

Material necesario

Almidón

Frasco pequeño

Vaso de medidas

Cuchara de medidas

Agitador

Cacerola (de acero inoxidable o esmaltada; no de aluminio)

2 bolsas de plástico para bocadillos con cierre hermético

Yodo

Tableta de 250 mg de vitamina C

Vasos de plástico pequeños

Cuentagotas

½ vaso de zumo de cada una de las frutas y verduras siguientes: naranja, uva, manzana, tomate y pimiento verde

La vitamina C ayuda a mantener sano el organismo. No sólo contribuye a reparar los tejidos, sino también a curar e incluso prevenir determinados tipos de infecciones. A diferencia de los perros, los seres humanos son incapaces de producir vitamina C naturalmente, y de ahí que necesiten ingerir a diario alimentos ricos en vitamina C. Son innumerables los alimentos que contienen elevadas concentraciones de esta importante vitamina. En este experimento experimentarás con algunos de ellos.

Procedimiento

1. Vierte ½ cucharadita (2,5 ml) de almidón en una cacerola con un vaso de agua (240 ml). Es impor-

tante que uses la cuchara de medidas para calcular la cantidad y que quede nivelada, no colmada.

2. Coloca la cacerola a fuego lento y remueve su contenido hasta que el almidón se disuelva por completo. Vierte la solución en el frasco y espera a que se enfríe.

3. En otro frasco mezcla una cucharadita (5 ml) de solución de almidón, un vaso de agua (240 ml) y 4 gotas de yodo. Al añadir el yodo, la solución de almidón y agua se volverá azul, creando un «test estándar» o «solución de muestra» que te servirá para detectar la presencia de vitamina C mediante un proceso llamado «dosificación» o «análisis volumétrico».

PRECAUCIÓN: ten mucho cuidado al manipular el yodo. Si se ingiere, es **venenoso**, y además mancha la piel y las prendas de vestir.

4. Para comprobar tu solución de muestra, disuelve la tableta de 250 mg de vitamina C en un vaso (240 ml) de agua fría. Prepara la vitamina a disolver colocándola en una bolsa de plástico con cierre hermético y triturándola con un rollo pastelero o un martillo.

5. Vierte 2 cucharadas (30 ml) de la solución de muestra en un vaso de plástico pequeño, añade una gota de la solución de vitamina C disuelta y remueve la mezcla. El color azul de la solución de muestra desaparecerá.

6. Coloca un poco de zumo de cada fruta y verdura en vasos de plástico separados. Pon el pimiento verde en una bolsa de plástico con cierre hermético y tritúralo hasta que hayas extraído el zumo.

7. Repite el paso 5, pero sustituyendo las muestras de cada zumo por la solución pura de vitamina C. Usa un vaso de plástico limpio y solución de muestra fresca para cada muestra de zumo. Cuenta el número de gotas que debes añadir para que desaparezca el color azul de la solución de muestra. Esta técnica de medida gota a gota es lo que se conoce como «dosificación» o «análisis volumétrico».

Resultado

Se necesitan menos gotas de zumo de pimiento verde, naranja y tomate para que se disipe el color azul de la solución de muestra, y más gotas de zumo de uva y manzana.

Explicación

Cuanto mayor es la concentración de vitamina C en un zumo, menos cantidad necesitarás para que desaparezca el color azul de la solución de muestra. Dicha solución la has elaborado añadiendo yodo al almidón. La reacción química entre estas dos sustancias ha creado una nueva molécula que vuelve azul la solución. Al añadir vitamina C, se invierte la reacción química y la solución adquiere de nuevo su transparencia anterior.

A mayor cantidad de vitamina C en una muestra, menos zumo necesitarás para que desaparezca el color azul.

Grasas

Material necesario

Bolsa de papel marrón

Muestras de alimentos: mantequilla, yogur, nata montada (envasada), mantequilla de cacahuete, beicon crudo, aguacate, patatas fritas, tarta de chocolate

Bolitas de algodón

Papel de aluminio

Cucharita de café

Pinzas

Rotulador

Tijeras

Este experimento compara el contenido de grasa y aceite de los alimentos cotidianos. Las grasas y los aceites contienen más energía por gramo que los demás alimentos. Por esta razón, la gente que vive en climas fríos depende de ellos para reabastecerse de

energía. Las grasas y los aceites se parecen químicamente, pero se diferencian en su punto de fusión. Las grasas son sólidas a temperatura ambiente, mientras que los aceites son líquidos.

Procedimiento

1. Corta un gran cuadrado de papel marrón de una bolsa, comprobando que no contiene letra impresa.

2. Extiende un trozo grande de papel de aluminio para colocar las muestras de alimentos.

3. Pon ½ cucharadita de mantequilla, yogur, nata montada y mantequilla de cacahuete sobre el papel de aluminio.

4. Corta el aguacate por la mitad y extrae ½ cucharadita para añadir a las demás muestras. (Tritura el resto con un poco de zumo de limón y catsup y dispondrás de una sabrosa salsa para acompañar las patatas fritas.)

5. Corta un trozo pequeño de beicon y ponlo sobre el papel de aluminio, seguido de unas cuantas patatas fritas y un pedazo de tarta de chocolate.

6. Usa el rotulador para confeccionar una lista de las muestras de alimentos en el papel marrón. Deja mucho espacio entre cada elemento de la lista.

7. Coge una bolita de algodón y frótala en todas las muestras, exceptuando el beicon, las patatas fritas y la tarta de chocolate.

8. Luego frota el algodón en el papel marrón, junto a la palabra correspondiente de la lista, dejando una mancha.

9. Coge el beicon crudo con las tenazas y frótalo en el papel.

10. Coge las patatas fritas y la tarta de chocolate y frótalas igualmente en el papel.

11. Deja reposar el papel durante dos días y obsérvalo.

Resultado

Cada muestra de alimento deja una mancha grasienta en el papel marrón, oscureciendo su color. Transcurridos dos días, algunas de las manchas se han extendido más que otras.

Explicación

Las grasas y los aceites presentes en las muestras de alimentos se desplazan por las fibras del papel, dejando una mancha marrón oscuro. Una parte de la mancha es agua, que se habrá evaporado durante la noche. Las manchas que más se han ensanchado transcurridos dos días indican los alimentos con un mayor contenido de grasa y aceite.

¿Lo sabías?

Aunque muchos expertos de la salud y el fitness recomiendan la natación como ejercicio ideal, ninguno de ellos la aconseja para perder peso. Si bien es cierto que al nadar se queman muchas calorías, el cuerpo se resiste a perder grasa, ya que ésta protege el cuerpo de la temperatura fría del agua. De ahí que las nutrias, las focas y las morsas tengan una gruesa capa de grasa debajo de la piel para mantener el calor del cuerpo.

Azúcar

Material necesario

12 vasos de plástico pequeños
Cuchara de medidas
Vaso de medidas
Papel secante
Cacerola
Vinagre
Azúcar granulado
Tiras de glucosa reactiva (diagnóstico visual tipo para análisis de orina, de venta en farmacias)
¼ de vaso (30 ml) de muestras de los alimentos siguientes: manzana, zumo de manzana, maíz, maíz enlatado, tomate, salsa de tomate embotellada, catsup, naranja, limón, leche, refresco de cola

Muchos alimentos contienen azúcar natural, y a veces, los fabricantes de productos alimenticios añaden más para mejorar su sabor. Pero ¿qué clase de alimentos contienen azúcar natural y cuáles son los que llevan azúcar añadido? En este proyecto detectarás la presencia de azúcar mediante las tiras de glucosa.

PRIMERA PARTE
Test en frío

Procedimiento

1. Vierte ¼ de vaso (30 ml) de todas las muestras de alimentos en vasos separados. Utiliza el dorso de una cuchara para triturar la manzana, el maíz y el tomate, y diluye el catsup y el zumo de manzana añadiendo una cucharadita de agua.

2. Vierte ¼ de vaso (30 ml) de agua en uno de los vasos sobrantes, añade 2 cucharaditas (10 ml) de azúcar granulado y remuévelo para que se disuelva. Llena el último vaso única y exclusivamente de agua. Te servirá de control del experimento.

3. Ordena los vasos como sigue: 1) manzana, 2) zumo de manzana, 3) maíz, 4) maíz enlatado, 5) tomate, 6) salsa de tomate embotellada, 7) catsup, 8) naranja, 9) limón, 10) leche, 11) refresco de cola, 12) agua azucarada y 13) agua.

4. Utiliza fichas para identificar las muestras de alimentos y darles un número. Coloca cada ficha junto a su vaso.

5. Extiende el papel secante cerca de las muestras de alimentos.

6. Humedece una tira de glucosa en el primer vaso y elimina el líquido sobrante apoyándola en la pared del vaso. Coloca la tira sobre el papel secante y espera 10 segundos.

7. Transcurridos 10 segundos, observa el color de la tira. En la caja que contiene las tirillas de glucosa encontrarás una tabla de colores. Compara el color de tu tira con la tabla. Si no coincide con ninguno, anota la tonalidad que ves.

8. Repite la misma operación con las muestras de alimentos restantes.

Resultado

Exceptuando el agua y el agua azucarada, todos los alimentos han cambiado el color rosado de las tirillas de glucosa por un violeta oscuro. Aunque tanto la manzana como el zumo de manzana han virado a violeta, el del zumo es mucho más oscuro. El del maíz enlatado también es mucho más oscuro que el del maíz natural, al igual que el de la salsa de tomate comparada con el tomate natural. Los violeta más oscuros corresponden al refresco de cola, el catsup y el zumo de manzana, y los más pálidos corresponden al maíz enlatado, la naranja, el limón y la leche.

SEGUNDA PARTE
Test en caliente

Procedimiento

1. Dado que esta parte requiere calor, vas a necesitar la ayuda de un adulto (conviene tener un cuidado especial con los niños menores de doce años). Vierte el vaso que contiene agua azucarada en una pequeña cacerola y caliéntala hasta que esté a punto de hervir.

2. Añade ½ cucharadita de vinagre y deja enfriar el agua azucarada.

3. Vierte de nuevo el líquido en el vaso y vuelve a hacer el experimento con la tira de glucosa.

PRECAUCIÓN: el azúcar caliente quema rápidamente la piel. No lo toques.

Resultado

Ahora, el agua azucarada reacciona con la tirilla de glucosa, virando a violeta oscuro.

Explicación

Todas las muestras de alimentos contienen «azúcares simples» que reaccionan con la glucosa de las tirillas. Además de glucosa, que incluye los endulzantes, el jarabe de maíz y la dextrosa, los azúcares simples se componen de fructosa (frutas), lactosa (leche) y maltosa (almidón). De los alimentos experimentados en este experimento, la leche contiene lactosa, y la manzana, maíz, tomate, naranja y limón contienen fructosa. El zumo de manzana, la salsa de tomate y el maíz enlatado contienen fructosa y glucosa –o azúcar añadido–, mientras que el refresco de cola sólo contiene glucosa en forma de jarabe de maíz.

Pero eso no es todo. La «sacarosa» o azúcar granulado es una molécula de azúcar compuesto que se puede descomponer antes de que sea detectada por una tira de glucosa. Calentándola y combinándola con un ácido, como el vinagre, se facilita la descomposición.

¿Lo sabías?

La fructosa es el más dulce de todos los azúcares, seguida de la sacarosa, glucosa, lactosa y maltosa. Pero éstos sólo son cinco de los centenares de azúcares que han descrito los científicos. Aunque algunos azúcares, como el de caña y de arce, pueden tener un sabor diferente, químicamente son idénticos. Lo que les confiere su sabor característico son las impurezas o partículas alimentarias presentes en el azúcar.

Manzanas pintadas

Material necesario
5 manzanas, de muy verdes a muy maduras
Pequeña bolsa de plástico
Yodo
Bolita de algodón
Papel de aluminio
Cúter

  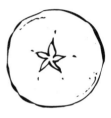

Al madurar la fruta se producen muchos e interesantes cambios químicos. En este experimento los verás pintando manzanas maduras con una solución de yodo.

Procedimiento
1. Pide a un adulto que corte una gruesa rebanada del centro de cada manzana. No lo hagas tú.
2. Coloca las rebanadas de manzana sobre el papel de aluminio, la una junto a la otra, ordenándolas de verde a madura.
3. Llena de agua la bolsa de plástico hasta la mitad, añade 5 gotas de yodo, remuévelo y humedece una bolita de algodón.

4. Con la bolita de algodón pinta las rebanadas de manzana con la solución de agua y yodo, asegurándote de que queden revestidas por completo.
5. Observa los cambios que se producen en las rebanadas de manzana.

Resultado

La rebanada más verde se vuelve azul oscuro, exceptuando la sección central, que permanece blanca, y a medida que avanzan en madurez, se vuelven menos azules. La última, es decir, la más madura, no cambia de color.

Explicación

En el caso de las frutas y verduras, la maduración significa la transformación del almidón en azúcar. Cuando más verde es la fruta, más almidón y menos azúcar contiene. El yodo provoca una reacción química con el almidón que lo vuelve azul, permitiéndote ver el almidón en las rebanadas de manzana de tu experimento.

La hercúlea molécula del almidón

Material necesario
2 patatas crudas
Rallador de patatas
Servilleta de tela
Cuenco de agua
Cucharón
Plato pequeño
Cuchara sopera
Filtro de café
4 vasos pequeños
Cacerola

Los científicos creen que la molécula del almidón es una de las moléculas alimenticias más grandes y más complejas que existen en la naturaleza. Si se observa al microscopio, se aprecia que los granos de almidón crudo son grandes y tienen unas gruesas paredes que impiden la penetración del agua fría. Al cocerlos, las paredes se reblandecen y desmoronan, permitiendo que los granos se combinen con el agua. De ahí que una patata hervida sea mucho más fácil de comer que cruda.

Cuando el almidón se combina con agua caliente, la molécula de almidón se descompone en una molécula más pequeña llamada «dextrina», una especie de azúcar. Si luego se calienta la dextrina, se descompone en otra aún más pequeña, llamada «maltosa».

En este experimento, primero elaborarás almidón y luego lo transformarás en un azúcar calentándolo.

Puedes combinar este experimento con «Test del almidón con yodo» (p. 74).

PRIMERA PARTE
Almidón doméstico

Procedimiento

1. Ralla las patatas en una servilleta de tela.
2. Enrosca la servilleta, forma una bola alrededor de las patatas ralladas y sostén la servilleta debajo del chorro de agua del grifo.
3. Escurre la bola durante algunos minutos a fin de que el almidón se vaya filtrando a través de la servilleta.
4. Desenrosca la servilleta y tira las ralladuras de patata.
5. Coge el primer vaso, llénalo hasta la mitad de agua con almidón y guárdalo para más adelante.
6. Coloca un filtro de café en el segundo vaso.
7. Con el cucharón, vierte con cuidado el agua con almidón a través del filtro de café hasta llenar el

segundo vaso. Luego tira el agua filtrada y sigue echando agua con almidón en el filtro. En los laterales del filtro se formará una capa pegajosa de almidón de patata.

8. Deja secar el filtro durante toda la noche o hasta que el almidón se haya convertido en una fina costra blanca.

9. Separa la costra del filtro de café, rómpela en trozos pequeños y ponlos en un platito.

SEGUNDA PARTE
Calentamiento del almidón

Procedimiento

1. Echa dos cucharadas de almidón en la cacerola y caliéntalo a fuego lento hasta que adquiera una tonalidad amarronada.

2. Añade un vaso de agua y remueve.

3. Llena el tercer vaso hasta la mitad con este líquido y cuela la mezcla restante a través del filtro de café en el cuarto vaso.

4. Deja secar el filtro.

5. Prueba la sustancia que ha quedado en el filtro. ¿Te recuerda a algo?

Explicación

El almidón es un producto alimenticio que aporta energía. La mayoría de las plantas almacenan energía en forma de almidón, y muchas partes de las plantas, como las raíces y las semillas, son ricas en almidón. La molécula de almidón es mucho más grande y compleja que una molécula de azúcar, a pesar de que ambas sustancias son muy similares químicamente.

Al calentar una molécula de almidón se descompone en otras moléculas más pequeñas y más fáciles de digerir. En las plantas, este proceso se produce con la ayuda de la energía solar. La «fotosíntesis» contribuye a que la planta descomponga el almidón almacenado en los azúcares que necesita para sobrevivir.

Si el sabor del almidón depositado en el filtro de café te ha resultado familiar es porque al calentarlo se ha transformado en dextrosa, el azúcar que se usa como pegamento para sellar los sobres.

¿Lo sabías?

Muchos alimentos instantáneos, tales como las patatas y el arroz que están listo para comer con un par de minutos de cocción, han sido precocinados para descomponer la poderosa molécula del almidón.

Test del almidón con yodo

Material necesario

2 patatas crudas
Agua con almidón de patata (véase el experimento
«La hercúlea molécula del almidón»)
Cucharón
Filtro de café
2 vasos pequeños
Cacerola pequeña
Yodo (véase «Precaución» en p. 57)

*Puedes combinar este experimento con «La hercúlea
molécula del almidón» (p. 70).*

Procedimiento

1. Llena el primer vaso hasta la mitad de agua con almidón y guárdalo para más adelante.
2. Pon un filtro de café en el segundo vaso.
3. Llena el segundo vaso hasta la mitad con este líquido.
4. Con el cucharón, vierte con cuidado el agua con almidón a través del filtro de café hasta llenar el segundo vaso. Luego tira el agua filtrada y sigue echando agua con almidón en el filtro. En los laterales del filtro se formará una capa pegajosa de almidón de patata.
5. Deja secar el filtro durante toda la noche o hasta que el almidón se haya convertido en una fina costra blanca.
6. Separa la costra del filtro de café, rómpela en trozos pequeños y ponlos en un platito.
7. Echa dos cucharadas de almidón en la cacerola y caliéntalo a fuego lento hasta que adquiera una tonalidad amarronada.

8. Añade un vaso de agua y remueve.
9. Llena el primer vaso hasta la mitad con este líquido y cuela la mezcla restante a través del filtro de café en el segundo vaso.
10. Añade tres gotas de yodo a cada vaso y observa los cambios.

Resultado

El yodo vuelve azul oscura el agua del primer vaso y rojo oscura la del segundo.

Explicación

El segundo vaso contiene el almidón cocido, que se ha transformado en «dextrina», un azúcar. La dextrina continúa reaccionando con el yodo. El almidón es un producto alimenticio que aporta energía. La mayoría de las plantas almacenan energía en forma de almidón. De ahí que muchas partes de las plantas (raíces, semillas, etc.) sean ricas en almidón.

Al calentar una molécula de almidón se descompone en otras moléculas más pequeñas y más fáciles de digerir. En las plantas, este proceso se produce con la ayuda de la energía solar. La «fotosíntesis» contribuye a que la planta descomponga el almidón almacenado en los azúcares que necesita para sobrevivir.

Prueba la sustancia que ha quedado en el filtro de café. ¿Te resulta familiar? Para elaborar el adhesivo de los sobres y los sellos se usa dextrina. Cuando pasas la lengua por el dorso de un sello de correos ingieres 8 calorías.

¿Por qué sabe mejor el pan tostado?

Material necesario
Rebanada de pan blanco
Cuenco de agua
Tostadora
Yodo
Papel de aluminio
Cuchillo de plástico

El calor provoca cambios en muchas de las sustancias químicas de los alimentos. Algunos de estos cambios hacen que sean más blandos y fáciles de digerir, mientras que otros les confieren un sabor agra-

dable. En este experimento verás cómo la simple acción de tostar provoca cambios químicos en el pan que lo hacen más sabroso.

Procedimiento

1. Mezcla 5 gotas de yodo en un pequeño cuenco de agua.
2. Tuesta la rebanada de pan.
3. Córtala a tiras y sumerge rápidamente una de ellas en el cuenco. Sácala del agua y ponla sobre el papel de aluminio.
4. Sumerge una segunda tira en el cuenco. Luego, sácala del agua y ponla también sobre el papel de aluminio.
5. Compara las dos tiras de pan.

Resultado

En ambos casos el borde blanco sin tostar del pan se vuelve azul violáceo a causa del yodo, indicando la presencia de almidón. Con la superficie tostada pueden ocurrir dos cosas: que no cambie de color o que adquiera una ligera tonalidad rojiza, indicando la presencia de dextrina.

Explicación

Las tostadas saben mejor porque al tostar el pan el almidón de la superficie se transforma en dextrina (azúcar), una sustancia que posee un agradable sabor dulzón. La corteza de los alimentos asados también contiene dextrina, que se forma al calentarse el almidón.

Contenido en hierro en las frutas y verduras

Material necesario

1 recipiente de cristal de 500 ml
2 bolsitas de té negro
Espárragos frescos
Espinacas frescas
Zumo de piña (si es posible, natural)
Zumo de manzana
Zumo de uva blanca
Zumo de arándano
6 vasos de plástico transparente
Agua tibia
Licuadora
Filtro de café

Para que el organismo se conserve sano, necesitamos pequeñas cantidades de mineral de hierro. Con el hierro, los glóbulos rojos fabrican «hemoglobina», una sustancia que a su vez permite a los glóbulos rojos transportar oxígeno a las demás células del organismo. Muchos alimentos contienen hierro, sobre todo las verduras de hojas verdes, las carnes rojas y algunas frutas. En este experimento experimentarás con algunos de ellos.

Puedes combinar este experimento con «Contenido en hierro en los cereales» (p. 82).

Procedimiento

1. Prepara una solución de té bien cargada colocando las dos bolsitas de té en un recipiente de cristal lleno de agua tibia y dejándolas en reposo durante una hora como mínimo.

2. Pide la ayuda de un adulto para hacer un zumo de espárragos y de espinacas. Añade 3 cucharadas de agua a la licuadora y licúa cada producto por separado. Cuela el zumo con un filtro de café para eliminar las partículas.

3. Vierte el zumo de espárragos y de espinacas en sendos vasos de plástico. Haz lo mismo con el zumo de piña, manzana, uva y arándano (cada uno en un vaso).

4. Añade 4 cucharadas de té a cada vaso, enjuagando la cuchara después de cada uso.

5. Deja reposar los vasos, pero obsérvalos cada 20 minutos y anota los cambios que se produzcan.

6. Transcurridas 3 horas, examina de nuevo los vasos y observarás que se ha formado un poso de partículas oscuras en el fondo.

Resultado

A los 20 minutos, en el zumo de espárragos, espinacas y piña se han formado partículas oscuras. En el de arándano y uva se forman a las 3 horas. En el zumo de manzana no se forma ningún tipo de partículas.

Explicación

Añadir té a las muestras de zumo provoca un cambio químico que indica la presencia de hierro. El ácido tánico que contiene el té se combina con el hierro y produce partículas oscuras. Estas partículas se forman rápidamente en el zumo de espárragos, de espinacas y de piña porque estos alimentos contienen altas concentraciones de hierro. Tardan más en el zumo de arándano y de uva porque contienen menos hierro. El zumo de manzana no contiene hierro y por lo tanto no reacciona con la solución de té.

¿Lo sabías?

Los científicos se han preguntado desde hace muchísimo tiempo por qué hay «magnetita», la forma magnética del hierro, en el interior de las rocas. Recientemente han encontrado la respuesta en forma de una extraña bacteria que parece tener un estilo de vida bastante inusual. Respira sin oxígeno, vive en la oscuridad y le encanta comer hierro. Cuando miles de millones de estos diminutos organismos digieren hierro, se transforman en magnetita, y cuando mueren, la magnetita forma estratos en el interior de las rocas.

Contenido en hierro en los cereales

Material necesario
3 muestras de cereales, uno «enriquecido con hierro»
3 bolsas de plástico para bocadillos
3 platos pequeños
Imán
Filtro de café

Algunos alimentos sólidos contienen pequeñas cantidades de hierro añadidas, pero sin un indicador químico, como por ejemplo el té en el experimento del zumo de frutas y verduras, es muy difícil aislarlas. Los cereales son la excepción, tal como comprobarás en este experimento.

Puedes combinar este experimento con «Contenido en hierro en las frutas y verduras» (p. 79).

Procedimiento

1. Pon tres muestras de cereales en tres bolsas de plástico para bocadillos.
2. Tritúralos con las manos hasta reducirlos a un polvo fino.
3. Echa los tres polvillos en otros tantos platos, etiquetando la muestra enriquecida con hierro.
4. Introduce un extremo del imán en las dos primeras muestras, sin complemento de hierro. Luego, extráelo y examínalo.
5. Repite la operación anterior con la muestra de cereal enriquecido y examínalo.

Resultado

Al extraer el imán del cereal enriquecido con hierro, se observan minúsculas partículas blancas de cereal que contienen «hierro comestible» adheridas al mismo. Esto no ocurre con los cereales sin enriquecer. Reducir a polvo el cereal permite al hierro separarse de las partículas alimenticias sólidas restantes y pegarse al imán.

Huesos y minerales

Material necesario

2 botes de mayonesa (o similar), del mismo tamaño
2 huesos de pollo cocidos, lo bastante pequeños
    para que quepan en los botes
Vinagre
Cinta adhesiva y rotulador para etiquetar

Como sabemos, las proteínas, los hidratos de carbono y las grasas se combinan para mantener el organismo sano. También sabemos que las vitaminas son importantes para el crecimiento y reparación de las células. Pero ¿qué ocurre con los minerales? ¿Qué sucedería si el cuerpo no recibiera las cantidades adecuadas –o ninguna– de minerales? Este proyecto te ayudará a descubrirlo.

Procedimiento

1. Llena de vinagre las tres cuartas partes de un bote, y de agua las tres cuartas partes del otro. Usa el rotulador y la cinta adhesiva para etiquetarlos.
2. Lava los huesos de pollo con agua y jabón y déjalos secar.
3. Introduce un hueso en el bote de vinagre y el otro en el de agua.
4. Espera una semana, extrae los huesos de los botes y déjalos secar.
5. Intenta doblar el hueso extraído del bote de agua; a continuación intenta doblar el extraído del bote de vinagre.

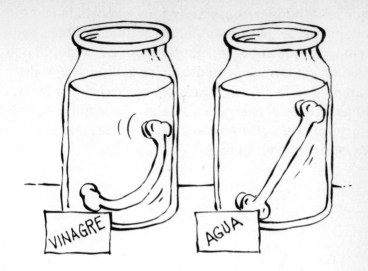

Resultado

El hueso sumergido en vinagre se dobla fácilmente, como si fuera de goma. El que estaba sumergido en agua permanece inmutable.

Explicación

El vinagre, que es un ácido, ha disuelto la mayoría del calcio, y sin él, el hueso sumergido en vinagre se ha debilitado, adquiriendo una consistencia gomosa. En cambio, el agua no tiene ningún efecto sobre el calcio. Esto no significa que debas prescindir del vinagre la próxima vez que prepares una ensalada, sino que deberías tomarte tu vaso de leche del desayuno y la merienda hasta la última gota.

¿Lo sabías?

Algunos minerales tienen otras funciones además de formar los huesos. El hierro, por ejemplo, ayuda a que los tejidos se conserven sanos y aporta la energía que necesitas para mantenerte activo. También contribuye a que el organismo fabrique hemoglobina, la sustancia química presente en los glóbulos rojos de la sangre que facilita el transporte de oxígeno a las células de todo el cuerpo, las cuales, al consumirlo, producen energía. ¿Cómo crees que te sentirías sin el hierro suficiente en tu dieta?

Química y cocina

Paleta de pintor medieval

Material necesario
Bandeja de mezcla de acuarela
5 huevos crudos
Mortero y mano de mortero
Vela
Pincel fino
Pulverizador (botella de pulverización de agua)
Lápiz
2 bolsas de plástico pequeñas
Martillo
2 frascos con tapón de rosca
5 hojas de papel
Papel de vitela
Cucharita de café
Bolitas de algodón
Cúter
Cacerola
Taza y plato de café
Para los pigmentos: tira de cobre (escuadra o
    bisagra), vinagre, negro de humo (hollín), tiza
    blanca, gravilla azul de acuario, semillas de
    heliotropo, mostaza seca o cártamo, bolsita de té,
    limaduras de hierro, lana de acero

En este experimento se utilizan materiales seguros
para recrear la paleta de un artista medieval. Lo primero que deberás hacer es extraer pigmentos de algunos de los materiales que habría empleado un artista medieval, y luego combinarlos o calentarlos con
el disolvente, en este caso la yema de un huevo crudo.

Los artistas e ilustradores de la Edad Media eran
químicos prácticos que a menudo utilizaban ingre-

dientes tóxicos para producir colores brillantes. Aunque muchos de estos ingredientes eran peligrosos o difíciles de encontrar –arsénico para el amarillo, lapislázuli para el azul, sulfuro de mercurio para el rojo–, eran muy cuidadosos y guardaban celosamente la mayoría de las fórmulas de la mezcla de los colores.

Dado que el color al óleo no se descubrió hasta principios del siglo XVIII, los pintores se esforzaban para encontrar un disolvente que dispersara uniformemente sus pigmentos, les permitiera adherirse a las diferentes superficies y conservara su verdadera tonalidad. Al final, dieron con la solución: la yema y la clara de un huevo crudo. Fue así como la témpera al huevo se convirtió en el método de pintura predominante durante casi ochocientos años.

Preparación de los pigmentos

Verde (verdín). Frota la tira de cobre con lana de acero hasta que empiece a relucir. Coloca la tira en un platito y frótala con vinagre por las dos caras. Déjala secar y aplícale otra capa. Cuando se haya secado la segunda capa, pulverízala con un poco de agua. Transcurridas veinticuatro horas se habrá formado una corteza verdosa en la superficie del cobre (ni se te ocurra lamerla: es tóxica). Cuando se haya endurecido, usa el cúter para decaparla con cuidado sobre una hoja de papel hasta obtener una cucharadita de café de verdín. Dobla el papel y guárdalo hasta que tengas que usar el pigmento.

Amarillo (ocre cártamo). Mezcla ½ cucharadita de cártamo en polvo con ½ cucharadita de mostaza en polvo. Guárdalo en una hoja de papel doblada.

Azul (lapislázuli). Vierte una cucharadita de gravilla azul de acuario en una doble bolsa de plástico. Colócala sobre una superficie firme e irrompible y golpea la gravilla con un martillo hasta convertirla en un polvo fino. Guárdalo en una hoja de papel doblada.

Rojo. Consigue una cucharadita de semillas de heliotropo, machaca las semillas en un mortero con la ayuda de la mano de mortero, luego coloca las semillas machacadas en una cacerola y cúbrelas de agua. De este modo, se formará una infusión de pigmento de semilla que será de color rojo, azul o violeta dependiendo de la madurez de las semillas. Guarda la infusión en un pequeño frasco de tapón de rosca. Si te resulta difícil encontrar heliotropo, lo puedes sustituir por una cucharadita de pimentón dulce seco.

Negro (negro de humo). Sostén una vela encendida sobre la parte lisa de un platito de café y espera hasta que se acumule el hollín. Luego, recógelo con cuidado y guárdalo en una hoja de papel doblada.

Blanco (blanco alumbre). Tritura un pedazo de tiza blanca hasta reducirla a un fino polvillo. Guárdalo en una hoja de papel doblada.

Tinta marrón (aguada sepia). Coloca una bolsita de té en una cacerola y añade agua hasta cubrir la bolsita. Cuando hierva, añade ½ cucharadita de limaduras de hierro y tres gotas de vinagre. Retira la cacerola del fuego y deja que cuaje la mezcla durante toda la noche. Vierte la mezcla en un pequeño frasco de cristal y enrosca bien el tapón.

Preparación del dibujo

1. Amplía cualquier ilustración del libro que te guste con una fotocopiadora, coloca una hoja de papel de vitela sobre la ampliación y calca el dibujo con un lápiz.
2. Humedece el pincel en tinta sepia y repasa la silueta, dejando los detalles de las líneas interiores de la ilustración para más tarde. Enjuaga el pincel y deja secar la tinta.

Mezcla y aplicación del disolvente

1. Separa las yemas de cinco huevos en una taza de café. Remuévelas con cuidado sin que se vuelvan espumosas. Vierte ½ cucharadita de yema en cada receptáculo de la bandeja de mezclas y llena de tinta sepia uno de los receptáculos restantes.
2. Desdobla con cuidado las hojas de papel que con-

tienen los pigmentos secos y vierte un poco en cada receptáculo, mezclándolos con la yema de huevo con la ayuda de una bolita de algodón. Si quieres oscurecer el color, añade más pigmento, y si quieres aclararlo, añade blanco.

3. Colorea los dibujos que hayas copiado. Si deseas hacerlo al más puro estilo medieval, empieza con una capa pálida de color, deja que se seque y luego aplica la siguiente. Si quieres obtener una tonalidad más sólida y satinada, aplica una capa de blanco a la superficie antes de aplicar el color. Antes de cambiar de color, enjuaga el pincel en agua.

4. Una vez seca la pintura, dale el acabado a tu obra de arte humedeciendo de nuevo el pincel en tinta sepia y añadiendo sombras y detalles a los colores.

Resultado

Con cuidado y paciencia, tus cuadros tendrán colores, matices y sombras muy parecidos a los de los pintores medievales e ilustradores de manuscritos.

Propiedades químicas de la témpera al huevo

La témpera al huevo es la suspensión de partículas de pigmento en la yema de huevo. El agua de la yema añade viscosidad al pigmento, y la grasa lo adhiere al papel y facilita su endurecimiento. Esto significa que cada partícula de pigmento está rodeada de varios estratos compactos de grasa pegajosa.

Pero los huevos son agua en su mayor parte, y dado que la témpera al huevo es acrílica, resulta más transparente que opaca y debería aplicarse en capas finas. Ésta es la razón por la que se usa papel de vitela, cuya superficie es muy suave e imita el pergamino que se usaba en la Edad Media. Lo curioso de la yema de huevo es que el color amarillo no afecta en absoluto al color de los pigmentos. En realidad, con el tiempo, la tonalidad amarillenta de la yema se vuelve transparente y cristalina, lo cual quiere decir que no hace falta barnizar los cuadros realizados con témpera al huevo, pues ¡se barnizan solos!

Extintor a la antigua usanza

Material necesario
Botella de plástico de medio litro con tapón de rosca
Bolsita de té
Tenedor
Cucharita de café
Tijeras
Clip
Berbiquí
Vinagre
Bicarbonato
    sódico

Si en alguna
ocasión has
paseado por
una tienda de
antigüedades,
es posible que
hayas visto unos
curiosos objetos
que parecen bombillas de cristal llenas de líquido.
Algunos de ellos disponen de una cámara indepen-
diente interior que da la sensación de haber contenido otro tipo de sustancia. Se trata de extintores de
hace muchos, muchos años, cuando era demasiado
difícil comprimir aire y demasiado caro fabricarlo
comercialmente.

El proceso químico era muy sencillo. Se llenaba
una bombilla de cristal con dos agentes reactivos, pero
manteniéndolos separados hasta el momento de usar
la bombilla. Al producirse un incendio, el usuario agi-

taba enérgicamente la bombilla para combinar los agentes. La mezcla entraba en efervescencia y creaba espuma de dióxido de carbono, que se liberaba en forma de espray por uno de los extremos de la bombilla. El CO_2 sustituía al oxígeno que necesitaba el fuego para seguir ardiendo, y de este modo se extinguía el incendio.

Puedes crear un dispositivo similar con materiales caseros.

Procedimiento

1. Practica un orificio pequeño en el centro del tapón de rosca de la botella.
2. Con la púa de un tenedor, extrae con cuidado la grapa de una bolsita de té para poder desdoblarla. (Una desgrapadora podría rasgarla.) Luego corta la etiqueta que cuelga del hilo de la bolsita, pero sin arrancar el hilo.
3. Recorta el extremo opuesto a aquel en el que está sujeto el hilo y vacía la bolsita, sustituyendo el té por dos cucharaditas de bicarbonato sódico.
4. Dobla la bolsita por la mitad y asegúrala con un clip.
5. Llena la botella de plástico de vinagre hasta la mitad.
6. Anuda el extremo del hilo al cuello de la botella y luego, con mucho cuidado, introduce la bolsita en la botella a través del orificio del tapón, de manera que quede colgando a unos 5 cm del vinagre.
7. Enrosca el tapón en la botella.
8. Cuando estés preparado para probar tu extintor, tapa el orificio con un dedo y agita la botella para que el vinagre empape la bolsita de té. Ésta debería abrirse y verter su contenido de bicarbonato

sódico en el vinagre. Abate la botella con el tapón mirando en dirección contraria a tu posición y quita el dedo.

Resultado
Por el orificio del tapón de la botella sale espuma blanca a presión.

Explicación
Al combinarse, las soluciones alcalinas y ácidas reaccionan químicamente y forman una sustancia neutra. En este caso, el bicarbonato sódico –alcalino– reacciona con el vinagre –ácido– y produce dióxido de carbono –gas neutro–, cuyas burbujas se acumulan –aumenta la presión– hasta que retiras el dedo.

¿Lo sabías?
Con el avance de la pirotecnia o ciencia de los fuegos artificiales, los simples extintores de dióxido de carbono cayeron en desuso. Cuando el gas CO_2 sustituye al oxígeno en un área cerrada, existe un grave peligro de asfixia. Los extintores modernos utilizan sustancias altamente comprimidas que resultan eficaces para combatir muchos tipos de incendio, incluyendo los combustibles ordinarios de clase A, los líquidos inflamables de clase B y los metales combustibles de clase C.

No obstante, se conservan algunos detalles de aquel viejo extintor. De ahí que siempre haya que guardar los extintores en posición vertical y no agitarlos hasta que sea necesario.

Verdín u oxidación del cobre

Material necesario

Copa u objeto pequeño de cobre
Solución de carbonato de cobre
   (comercio de productos químicos)
Amoníaco doméstico o vinagre
Producto para limpiar el latón
Botella de pulverización de agua
Cubo de plástico desechable
Pincel fino
Periódicos
Toallitas de papel

Este experimento te enseña a crear un atractivo acabado natural sobre un objeto de cobre. Dicho acabado se denomina verdín, y protege el cobre o el latón de los aceites y ácidos corrosivos del entorno, lo cual lo distingue de otros tipos más comunes de oxidación. El ejemplo más espectacular de verdín lo podemos encontrar en la Estatua de la Libertad, en el puerto de Nueva York. La gruesa capa de verdín que reviste esta colosal estatua de bronce la

protege de las inclemencias del tiempo y de los contaminantes perjudiciales del aire.

Con el tiempo, el verdín se va formando a medida que una superficie está expuesta a vapor de agua que contenga sustancias químicas disueltas. Pero puedes acelerar este proceso mezclando una solución de amoníaco y carbonato de cobre y aplicándola al objeto que quieras oxidar. Dado que el latón es una combinación de cobre y cinc, también puedes utilizar la solución para crear verdín sobre objetos de este metal, además de los de cobre.

Procedimiento

1. Extiende un periódico en el suelo o sobre una mesa para crear una superficie de trabajo.

2. Si el cobre o latón está barnizado, decápalo aplicando con una toallita de papel una ligera mano de algún producto especial para limpiar latón. Déjalo secar y luego elimina el producto limpiador con una toallita de papel seca.

3. En el cubo de plástico mezcla 1 vaso de amoníaco doméstico y ¼ de vaso de solución de carbonato de cobre. Si utilizas vinagre, vierte 2 vasos sin diluir.

PRECAUCIÓN: Realiza la mezcla en un lugar bien ventilado y no respires los vapores.

4. Humedece el pincel en la solución y aplícala a la superficie de la copa u objeto que hayas elegido. Deja el interior intacto para poder comparar el verdín con el metal sin oxidar.

5. Deja secar la copa y luego aplica una segunda mano de solución. Si quieres conseguir un verde más intenso, repite cinco o seis veces este procedi-

miento. Cuando se haya secado la última mano, rocía ligeramente la copa con agua.

Resultado

Sobre el cobre se formará un revestimiento verde y azulado. La tonalidad azul aparece en las áreas pulverizadas con agua, mientras que las capas verdosas se forman en las zonas en las que se ha concentrado la solución.

Explicación

Cuando se deja secar la mezcla de amoníaco y carbonato de cobre sobre una superficie de metal, reacciona con el cobre, el aire y el agua, dando lugar a la corrosión verdosa. El verdín consiste en una mezcla de sales de cobre, incluyendo el sulfato, el cloruro y el óxido de cobre, que se presentan en forma de cristales de diferentes tamaños que crean las diversas tonalidades verdes y azules.

Electrólisis del cobre por inmersión

Material necesario
20 monedas o piezas pequeñas de cobre
Clavo de hierro
Lana de acero
Vinagre
Amoníaco
Sal
Cucharita de café
Frasco de cristal
Plato
Toallitas de papel

Algunos metales son tan activos que al introducirlos en una solución ácida o salina con otro metal menos activo, pierden iones (partículas con carga eléctrica) de una forma natural. Estos iones revisten la superficie del metal menos activo en un proceso llamado electrólisis por inmersión.

Procedimiento
1. Dobla unas cuantas toallitas de papel sobre un plato y coloca las veinte monedas de cobre sobre ellas. Vierte un poco de amoníaco en las monedas para humedecerlas y déjalas secar. Se formará una capa de color verde llamada verdín.

   PRECAUCIÓN: Vierte el amoníaco en un lugar bien ventilado y no respires los vapores.

2. Vierte un vaso de vinagre en un frasco de cristal y añade ½ cucharadita de sal. Remueve la sal y el vinagre hasta que aquélla se disuelva.

3. Echa en el frasco las veinte monedas y espera a que desaparezca el verdín y reaparezca de nuevo el color natural del cobre.

4. Pule la superficie del clavo de hierro frotándola con lana de acero. A continuación, echa el clavo en el frasco que contiene las monedas de cobre.

5. Deja reposar el frasco toda la noche, y a la mañana siguiente observa los cambios que se han producido en el clavo.

Resultado

La superficie del clavo de hierro está revestida de cobre. Cuanto más tiempo lo dejes en la solución de vinagre y sal, más intenso será su color.

Explicación

La combinación de vinagre (ácido acético y agua) y sal (cloruro sódico) disuelve la corrosión (una mezcla de sales de cobre) que se había formado en la superficie de las monedas, permitiendo que entre en contacto más cobre con la solución de vinagre y sal. De ahí que frotaras el clavo con lana de acero antes de introducirlo en el frasco.

La lana de acero eliminó los residuos de aceite u óxido de la superficie del clavo, permitiendo que entrara en contacto más hierro con la solución. Ahora, ambos metales están plenamente expuestos a la solución de vinagre y sal, que actúa de un modo diferente en cada uno de ellos.

En cualquier tipo de reacción de electrólisis, el metal más activo pierde iones y los recibe el metal menos activo. La solución actúa a modo de electrolito, lo cual significa que facilita el movimiento de iones de un metal a otro. El cobre es más activo que el hierro y por lo tanto pierde electrones con mayor facilidad. La solución canaliza dichos iones hacia el clavo, revistiendo su superficie.

Separación centrífuga

Material necesario
Tubo de ensayo de cristal con tapón de goma
Media de nailon
3 aros de goma
Tiza
Papel de lija de grano fino
Hoja de papel
Arena
Zumo de naranja
Zumo de uva
Leche
Agua

Este experimento enseña una técnica que consiste en separar el contenido sólido (macropartículas) de un líquido. Los líquidos que contienen macropartículas se denominan suspensiones. La sangre es una suspensión, y en hematología (el estudio de la sangre) se separan los corpúsculos del plasma para así poder examinarlos con mayor precisión. Esto se hace mediante un dispositivo llamado centrífuga. Los químicos utilizan habitualmente las centrífugas, pues les permiten separar las macropartículas de una suspensión según su densidad.

Procedimiento
1. Frota con papel de lija un trozo de tiza sobre una hoja de papel hasta disponer de una cucharadita de las de café de polvillo.
2. Dobla la hoja de papel, vierte el polvo en el tubo de ensayo, llénalo de agua hasta el borde y coloca el tapón de goma.

3. Introduce el tubo de ensayo hasta el fondo de la media de nailon, coloca aros de goma alrededor de la media y el tubo para que se mantenga en posición vertical.

4. Sostén el extremo opuesto de la media y hazla girar tan rápido como puedas durante dos minutos describiendo círculos sobre la cabeza, como si se tratara de una honda.

   Nota: Asegúrate de tener espacio suficiente para hacer girar la media sin golpear nada ni a nadie.

5. Retira con cuidado el tubo de ensayo de la media, sin agitarlo ni volverlo del revés. Examina su contenido.

6. Repite los pasos 1-4, pero esta vez añadiendo una pizca de arena al polvo de tiza.

7. Limpia el tubo de ensayo y llénalo, primero, de zumo de uva, luego de zumo de naranja y por último de leche. Examina el líquido después de hacer girar la media.

Resultado

Después de girar durante dos minutos, el polvo de tiza forma un estrato sólido en el fondo del tubo de ensayo. Al añadirle arena, es ésta la que ocupa el fondo del tubo, y a continuación la tiza. De los dos zumos, el de naranja es el que muestra una mayor separación de macropartículas de fruta respecto al agua, aunque el de uva también se separa. La leche no muestra separación alguna.

Explicación

Las grandes partículas de tiza y de arena suspendidas en el agua se separan fácilmente mediante la acción de la fuerza centrífuga al girar. La arena queda más al fondo del tubo de ensayo porque es más densa y pesada que la tiza. Las pesadas partículas de la naranja se separan fácilmente del agua, al igual que las de uva en el zumo de uva. Las partículas de grasa de la leche no se separan porque el proceso de homogeneización las ha reducido considerablemente. Estas diminutas partículas de grasa facilitan la digestión de la leche.

Papel reciclado: natural y blanqueado

Material necesario

Periódicos viejos

Olla grande

Olla mediana

Marco de foto pequeño (que quepa en la olla grande)

6 retales de fieltro, cada uno del doble de la superficie del marco

Pieza pequeña de mosquitera o malla fina

Tachuelas

Cuchara de madera

Tabla de contrachapado

Lejía

Licuadora eléctrica (optativo)

El papel es un material extraordinariamente duradero. Aunque hoy en día la mayoría de los fabricantes de papel utilizan alrededor de un 30 % de papel reciclado para elaborar papel nuevo, casi todo el papel se puede reciclar si se procesa correctamente. Sin embargo, el blanqueado que se requiere para confeccionar un papel reciclado de alta calidad puede perjudicar el medio ambiente; de ahí que los fabricantes estén buscando otra solución más adecuada.

Procedimiento

1. Rasga a tiras un montón de periódicos viejos y colócalas en una olla grande. Llénala de agua y deja en remojo las tiras durante diez minutos. Luego tira el agua. La tinta de impresión habrá desaparecido.

2. Desmenuza las tiras con las manos, hasta reducirlas a pedacitos. Cuanto más pequeños, más suave será el papel.

3. Añade agua hasta cubrir completamente los trocitos de papel y déjalos en remojo toda la noche.

4. Hierve el agua hasta que el papel se disuelva y forme una especie de harina de avena espesa.

   Nota: Si no quieres hervir el agua, puedes utilizar una licuadora, aunque en este caso el papel será más áspero y menos resistente.

5. Vierte la mitad de esta mezcla en una olla mediana y añade ½ vaso de lejía. Déjalo reposar durante varias horas hasta que una suave capa de pulpa de papel flote sobre el agua.

6. Extiende la mosquitera o la malla sobre el marco de foto y sujétala al borde con tachuelas.

7. En una superficie plana extiende el fieltro y coloca junto a él la madera contrachapada.

8. Sumerge con cuidado el marco de foto en la olla mediana (la que no contiene lejía) y vuelve a casarlo de tal modo que la pulpa blanda forme una lámina sobre la mosquitera. Si observas orificios en la lámina, coge un poco de pulpa con una cuchara y tápalos.

9. Deja que gotee el agua a través de la mosquitera o malla y que vaya cayendo en la olla. Luego desplaza el marco hasta el retal de fieltro y dale la vuelta rápidamente de manera que la lámina de pulpa caiga sobre una cara del fieltro.

10. Dobla la otra cara del fieltro sobre la lámina de pulpa y coloca encima el tablero contrachapado.

11. Ejerce presión sobre el tablero para eliminar el exceso de agua del papel. A continuación, levanta el tablero y desdobla el fieltro, dejando el papel a la vista.

12. Repite otras dos veces este proceso de elaboración de papel con los demás retales de fieltro. Luego repite todo el proceso con la mezcla de papel blanqueado con lejía.

13. Deja secar las seis hojas de papel durante toda la noche. A continuación, sepáralas del fieltro.

Resultado

Tendrás seis hojas de un papel áspero pero resistente, tres de las cuales tendrán un color amarillo blancuzco brillante. Si doblas las hojas, se romperán. Así pues, antes de usarlas, haz una prueba.

Explicación

El papel se compone principalmente de pulpa de madera (lignina), que cuando se empapa de agua y se calienta, se rompe en fibras diminutas que se pueden mezclar en una especie de «sopa» de papel, aunque se vuelven a unir cuando se prensa la pulpa y se elimina el agua.

Los fabricantes de papel añaden otros ingredientes al papel, tales como arcilla y almidones para reforzar el entretejido de las fibras. Estos agentes vinculantes hacen que el papel sea más resistente, más flexible y más fácil de usar sin rasgarse.

Versión CO₂ del motor de Herón

Material necesario

Bote de plástico con tapa (como los de los carretes fotográficos)

3 tabletas efervescentes

Hilo

Percha de alambre

Bloque de espuma de poliestireno (base)

Berbiquí con broca de 2 mm de diámetro

Cinta adhesiva

Aro de goma

Agua

Herón era un científico de la antigua Grecia que inventó un motor giratorio impulsado por vapor. Esta

versión del motor de Herón conserva el genuino espíritu del original, pero usando materiales modernos (bote de plástico, tabletas efervescentes, etc.).

Procedimiento

1. Extiende una percha de alambre y dobla un extremo en forma de gancho. Inserta el extremo recto en la base de espuma.
2. Practica un pequeño orificio en el lateral de un bote de plástico, cerca de la tapa. Luego practica otro igual en el lateral opuesto, cerca de la base.
3. Coloca un aro de goma alrededor del bote, por el centro, y ata un trozo de hilo al aro.
4. Sujeta el hilo para asegurarte de que el bote cuelga del hilo en equilibrio (quizá tengas que corregir la posición del aro de goma). Cuando el bote esté bien equilibrado, ata el hilo a la percha.
5. Prepara un trozo de cinta adhesiva y tenlo a mano para cuando tengas que usarlo.
6. Retira la tapa del bote y coloca dos tabletas efervescentes, añade una cucharada de agua y vuelve a cerrar de inmediato la tapa, asegurándola con la cinta adhesiva.
7. Aléjate un poco y observa tu motor en movimiento.

Resultado

Dos chorros de gas salen de los orificios practicados en los laterales del bote de plástico, haciendo que el bote gire rápidamente colgado del hilo.

Explicación

Cuando una tableta efervescente se disuelve en agua, se produce una reacción química. La mayoría de las tabletas efervescentes contienen una base de bicarbonato sódico y ácido cítrico deshidratado. Al echar la tableta en el agua, el ácido cítrico se combina con el bicarbonato sódico. Los ácidos y las bases experimentan una reacción química al mezclarse, produciendo burbujas de gas dióxido de carbono. En el bote de plástico cerrado, los gases se acumulan y crean presión, que al final se libera en forma de pequeños chorros a través de los orificios practicados en los laterales del bote y provocando su movimiento de rotación.

Aceites esenciales en perfumería doméstica

Material necesario

7 frascos pequeños de especias con tapa
Alcohol
Bolita de algodón
Pinzas
Bolsas de plástico con cierre
Cuchara sopera
Toallita de papel
⅛ de vaso de cada uno de los ingredientes siguientes:
  pétalos aromáticos de rosa, capullos de gardenia,
  hojas de naranjo o limonero, hojas de eucalipto,
  hojas de albahaca, agujas de pino

Este experimento muestra uno de los usos más antiguos de la química: la elaboración de perfumes. Los químicos no tardaron en darse cuenta de que, aña-

diendo otros ingredientes a los aceites esenciales de una planta, consumían menos aceite y el aroma era más duradero.

Procedimiento

1. Llena ⅛ de vaso de cada una de las muestras de hojas y flores, coloca cada muestra en una bolsa de plástico con cierre y luego tritúralas a través de la bolsa usando el mango de una cuchara sopera.

2. Añade una cucharada sopera de alcohol en cada bolsa y sigue triturando.

3. Vierte las muestras trituradas en un frasco de especias, enrosca la tapa y deja reposar las muestras durante una semana. Utiliza un rotulador para etiquetar cada frasco con su nombre correspondiente.

4. Transcurrida una semana, abre uno de los frascos, humedece la bolita de algodón, acércala a la nariz y abanícala con la otra mano hasta que percibas su fragancia.

5. Aplica el algodón en el dorso de la muñeca, déjalo secar y huélelo.

6. Usa las pinzas para extraer una muestra de la planta pulverizada de uno de los frascos, déjala secar y luego huélela.

Resultado

El algodón húmedo tiene un intenso aroma a alcohol mezclado con la esencia de la planta. Al dejar secar el líquido sobre la piel, ésta conserva únicamente la fragancia de la planta, sin olor a alcohol. La muestra seca de planta pulverizada no huele absolutamente a nada.

Explicación

El alcohol reacciona con los aceites esenciales en las plantas, los cuales salen de sus tejidos, dejando paso al alcohol, que permanece allí hasta que se expone al aire. Éste es el motivo por el que la muestra de la planta seca no huele, pero el alcohol contiene una fragancia. En efecto, el alcohol es un «contenedor» perfecto para las moléculas de los aceites esenciales, ya que al exponerse al aire se seca enseguida, dejando únicamente la fragancia del aceite.

La piña comeproteínas

Material necesario
Mezcla de gelatina desaromatizada (transparente)
2 cuencos de cristal templado de tamaño mediano
Piña natural

Los seres humanos, al igual que los animales, sobreviven descomponiendo las sustancias alimenticias en sus componentes más simples y luego absorbiendo los nutrientes. Después de comer, el tejido que reviste el estómago segrega ácidos y enzimas que descomponen las proteínas, los hidratos de carbono y las grasas. En este proyecto podrás observar el efecto de la piña natural en un cuenco de gelatina.

Procedimiento
1. Mezcla la gelatina y viértela en los dos cuencos. Métetelos en el frigorífico y déjalos reposar durante toda la noche para que cuaje la gelatina.
2. Extrae los cuencos del frigorífico, corta una piña natural y coloca un pedacito sobre la gelatina de uno de los cuencos. Con el resto de la piña puedes preparar una deliciosa ensalada de frutas.
3. Deja reposar los cuencos durante toda la noche y luego compara el que contiene la piña y el que sólo contiene gelatina. Anota las observaciones.

Resultado
La piña ha disuelto una capa entera de gelatina, licuándola de nuevo. La gelatina sin piña se conserva cuajada.

Explicación

La piña es una de las innumerables frutas que contienen una gran cantidad de enzimas, unas poderosas sustancias químicas capaces de descomponer las proteínas. La proteína de la gelatina está en forma de aminoácidos que se unen formando largas cadenas que dan cuerpo a la gelatina. Al añadir una enzima a los aminoácidos de la gelatina, se rompen las cadenas y la gelatina se licúa.

Descomposición de los ingredientes de la sal común

Material necesario
Vaso
Sal común
Cuchara sopera
2 cables de cobre de 30 cm
Pila de 6 voltios
Tijeras

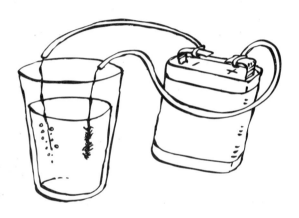

Es muy fácil descomponer la sal común en sus elementos constituyentes mediante una pila de 6 voltios. El proceso no sólo descompone la sal, sino que también permite identificar los polos de la pila por la forma en que reacciona cada elemento con el cable de cobre.

Procedimiento
1. Llena tres cuartas partes del vaso de agua tibia, añade tres cucharadas soperas de sal común y remueve el agua hasta que se disuelva la sal.

2. Con las tijeras recorta una tira de 10 cm del plástico aislante de los dos cables en uno de sus extremos.

3. Conecta un extremo del primer cable al polo positivo (ánodo) de la pila, introduciendo el extremo opuesto en el agua. Luego conecta un extremo del segundo cable al polo negativo (cátodo) de la pila, introduciendo el extremo opuesto en el agua.

4. Deja los cables en el agua durante unos veinte minutos y luego observa los cambios que se han producido en ellos.

Resultado

Alrededor de un cable se han formado diminutas burbujas, mientras que el otro se ha vuelto verde.

Explicación

La corriente eléctrica de la pila, circulando por los cables y la sal disuelta, descompone las moléculas de la sal en sus partes constituyentes: sodio, un metal plateado, y cloro, un gas amarillento. Durante el proceso de descomposición de la sal, se produce sodio en el cable negativo, el cual se combina fácilmente con el agua y forma gas hidrógeno (las burbujas que ves en el cable). Por su parte, el cloro es atraído hacia el cable positivo, donde forma cloruro de cobre y luego óxido de cobre, coloreando el cable de verde.

Los polos se reconocen por la presencia de burbujas de hidrógeno en el conductor negativo y de un revestimiento verde, o verdín, en el positivo.

Comparación de la densidad y la temperatura de congelación

Material necesario
3 vasos de plástico del mismo tamaño
Azúcar
Sal
Rotulador
Agua

Este sencillo experimento te permitirá determinar la densidad de un sólido disuelto y la temperatura de congelación de su disolvente. La comparación de estos dos factores suministra información muy importante a los físicos sobre la naturaleza de la materia.

Procedimiento
1. Llena dos vasos de agua casi hasta el borde, y luego un tercer vaso hasta el borde.
2. Añade tres cucharaditas de azúcar al primer vaso y tres cucharaditas de sal al segundo. Etiqueta los vasos AZÚCAR y SAL. Etiqueta el tercero (lleno) AGUA.
3. Mete los tres vasos en el congelador y examínalos cada dos horas para ver cuál de los tres líquidos empieza a congelarse primero. Si es necesario, déjalos toda la noche en el congelador.

Resultado
El agua sola empieza a congelarse primero, seguida del agua azucarada. El agua con sal tarda mucho más en congelarse que las otras dos o simplemente no se congela.

Explicación

Al disolver un sólido en agua, disminuyes la temperatura de congelación del agua proporcionalmente a la densidad de las partículas disueltas. Si duplicas la densidad de las partículas de agua, también duplicas su temperatura de congelación. En principio, al haber añadido cantidades iguales de azúcar y sal al agua, deberías esperar que el descenso de su temperatura de congelación también fuese igual. Sin embargo, la sal disuelta constituye una solución mucho más densa que el azúcar disuelto. Esto es debido a los cambios químicos que se producen al disolverse.

La sal sólida (cloruro sódico) es casi un 40 % más densa que el azúcar sólido (sacarosa), de manera que una cucharadita de sal pesa más que una cucharadita de azúcar. Asimismo, una molécula de sal sólo pesa un 8 % más que una molécula de azúcar, lo cual quiere decir que hay muchas más moléculas de sal en una cucharadita de sal que moléculas de azúcar en una cucharadita de azúcar.

Por último, cuando se disuelve una molécula de sal, se descompone en dos partículas cargadas eléctricamente, llamadas «iones». Así pues, por cada partícula disuelta se forman dos partículas, duplicando la densidad. Las moléculas de azúcar permanecen intactas. Estas interesantes propiedades de la sal contribuyen a hacer más densa una solución que requiere una temperatura más fría de congelación.

Triboluminiscencia
de los caramelos de gaulteria

Material necesario
Caramelos de gaulteria
Bolsa de plástico con cierre
Pequeño listón de madera contrachapada
   o superficie dura
Mortero y mano de mortero
Habitación oscura

Algunos cristales tienen propiedades eléctricas inherentes que se pueden potenciar si se dan las condiciones apropiadas. Cuando un cristal (de azúcar, etc.) se rompe, se libera energía eléctrica en forma de ondas luminosas. Los científicos denominan este fenómeno «triboluminiscencia», que significa «luz mediante fricción». Puedes apreciarlo por ti mismo con un caramelo de gaulteria vulgar y corriente.

Procedimiento

1. Mete unos cuantos caramelos con sabor a gaulteria en una bolsa pequeña de plástico con cierre y colócala en un mortero.

2. Lleva el mortero a una habitación oscura y espera unos segundos para que tus ojos se adapten a la oscuridad.

3. Sosteniendo el mortero sobre una superficie dura, haz girar lentamente la mano de mortero contra los caramelos, triturándolos. No hace falta que veas exactamente dónde están para hacerlo.

4. Coge la bolsa con los caramelos triturados y frótala, de manera que los trocitos de caramelo rocen entre sí.

5. Sal de la habitación, deja que los ojos se adapten a la luz y anota tus observaciones.

Resultado

Con cada giro de la mano de mortero, los caramelos emiten una débil luz blanca. La fricción de los trocitos triturados en la bolsa produce un destello de luz blanca más intenso.

Explicación

Al triturar los caramelos de gaulteria destruyes los cristales que se formaron al enfriarse el azúcar líquido y convertirse en caramelo sólido. Sólo los caramelos de sabor a gaulteria poseen esta formación cristalina triboluminiscente. Es imposible conseguir este efecto con cualquier otro sabor.

EL JUEGO DE LA CIENCIA